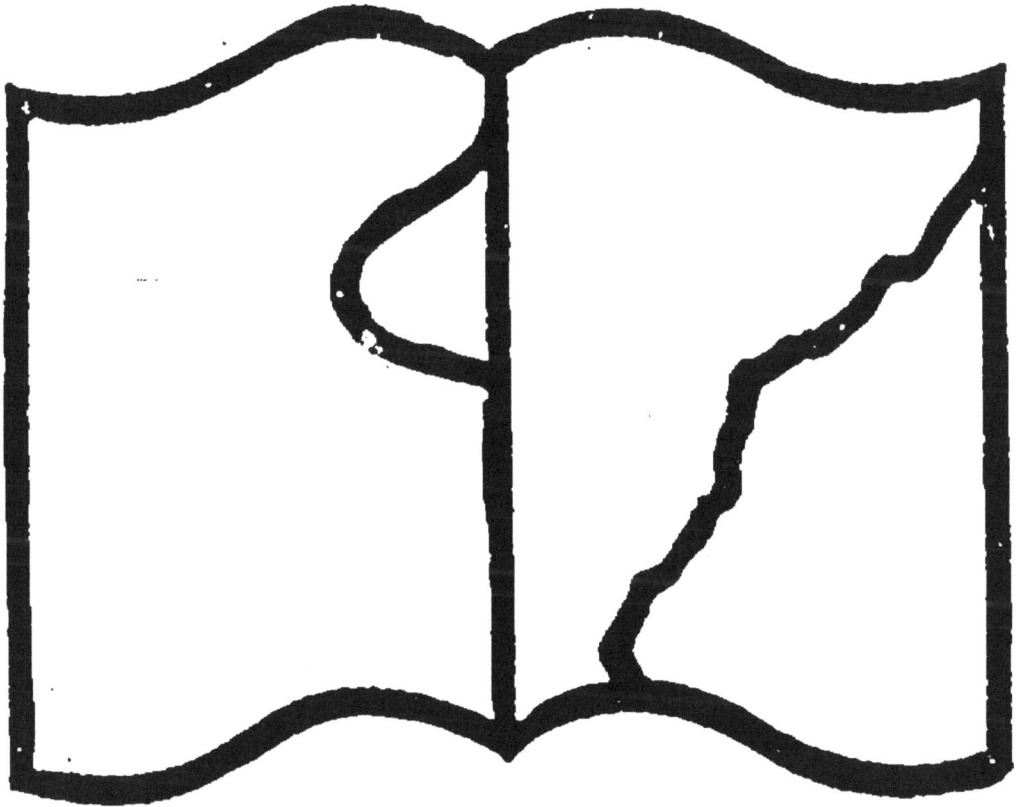

rédictions

ET

Prophéties.

Conseils, Pensées, Maximes,
Proverbes, etc.
Fantaisies et Surprises
de la Langue française,
Age d'or de la femme,
Ages du vol et du poisson.
Guerres futures ;
La France triomphante.

RÉCRÉATION

ET JEUX NOUVEAUX DE L
ARCHIMILLIARD

*Le tout trans mis a
prose et en vers, par
dataire, l'explorateur parna,
sien*

EMY-NONA'S

PRIX : **1** FRANC

TOULOUSE

ÉDOUARD PRIVAT, ÉDI

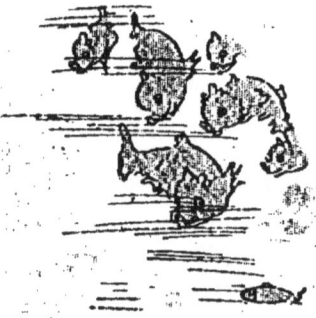

1900

LA SIBYLLE

DU VINGTIÈME SIÈCLE

LA

DU VINGTIÈME SIÈCLE

PRÉDICTIONS ET PROPHÉTIES.
CONSEILS, PENSÉES, MAXIMES, PROVERBES, ETC.
FANTAISIES ET SURPRISES DE LA LANGUE FRANÇAISE.
AGE D'OR DE LA FEMME.
AGES DU VOL ET DU POISSON.
GUERRES FUTURES. — LA FRANCE TRIOMPHANTE.

RÉCRÉATIONS ET JEUX NOUVEAUX DE LA SIBYLLE
ARCHIMILLIARDAIRE...

Le tout, recueilli des lèvres de la Sibylle, collectionné, classé,
condensé en prose ou en vers (700 distiques) et trans mis
au monde par son mandataire, l'explorateur parnassien

EMY-NONA'S

« De mes conseils ce riche album
« Deviendra ton vade-mecum »

« Le Destin, maître des obstacles,
« Veut accomplir tous mes oracles. »

« Emy-Nona's, l'explorateur,
« Transmettra mes vers au lecteur. »

(*La Sibylle.*)

TOULOUSE
IMPRIMERIE ET LIBRAIRIE ÉDOUARD PRIVAT
45, RUE DES TOURNEURS, 45

1900

TABLE DES MATIÈRES

INTRODUCTION

SÉRIE DES MILLIONS

SÉRIE DES MILLIARDS

APPENDICE — RÉSERVE

ERRATA

Pages	Nᵒˢ	Au lieu de	Lisez
52	121	Tu saurais mieux	Tu sauras mieux
89	304	crains qu'un chinoi serie	crains qu'un Chinois se rie

LA SIBYLLE

DU VINGTIÈME SIÈCLE

INTRODUCTION

NOTICE SUR LA SIBYLLE

LECTRICES ET LECTEURS,

La plupart d'entre vous se demanderont peut-être ce qu'on entend ici par Sibylle. En voici l'explication :

La Sibylle fut d'abord la grande prophétesse des temps antiques. Comme le Phénix, renaissant de ses cendres, elle s'est perpétuée dans tous les siècles et, en se transformant, a conservé jusqu'à nos jours tout l'éclat de sa première jeunesse.

Enrichie par l'expérience, sa notion du passé ouvre à

ses yeux l'horizon de l'avenir et lui fait pénétrer à la fois les secrets du cœur humain et les mystères des événements futurs.

Métamorphosée et embellie par le cours des âges, elle a, dans sa marche progressive, acquis les dons les plus divers de l'esprit français qui lui permettent d'être aussi bien enjouée que sérieuse et de joindre le plaisant au sévère dans ses prédictions, conseils, maximes, etc.

En un mot, comme un miroir réflecteur des mœurs, coutumes, tendances, aspirations de notre époque, la Sibylle française du vingtième siècle vient nous offrir le grand panorama des faits privés ou publics, des évolutions particulières ou générales que nous réserve cette nouvelle centurie.

LA SIBYLLE ET LA FORTUNE

Les auteurs disent, et la Sibylle confirme, que les anciens avaient placé le temple de la Renommée au sommet d'une montagne et son image sur la partie la plus élevée de l'édifice, donnant ainsi à comprendre, qu'après avoir gravi le faîte, on doit encore accomplir un effort et lever le front pour que les yeux puissent la contempler.

Or, la Fortune impose une semblable obligation à ceux qui la recherchent. Par déférence pour la Sibylle, elle a bien voulu se montrer large envers ses distiques ; mais, aveugle et capricieuse, ou simplement prudente, et désirant se créer une réserve en prévision des exigences d'un grand nombre de mortels qui, une fois satisfaits, ont des visées plus hautes, elle a limité à des millions les faveurs accordées aux six premières centaines des distiques de la Sibylle, et réservé ses milliards pour la septième centaine des distiques qui constituent la colonne supplémentaire du tableau barême ci-annexé.

Ces principes et cette base établis, il en survint entre la Fortune et la Sibylle un accord dont les clauses sont stipulées dans un acte public retenu par Me Louis-Fortuné Dumilliard, notaire des deux parties.

Ce document faisant d'abord l'historique du pacte consenti par les deux comparantes, expose que dame Fortune, désireuse d'assurer un placement définitif et de tout repos à une partie de ses trésors, mais aveugle et ne possédant pas les qualités requises pour leur bonne administration, délègue à ces fins son amie la Sibylle dont la probité, la prudence et la sage prévoyance sont notoires aux yeux de tous et d'elle parfaitement connues, l'autorisant à répartir entre ses fils légitimes, représentés céans sous l'espèce de distiques destinés à faire le bonheur de l'humanité, les millions et les milliards offerts par la donatrice.

Considérant toutefois, en ce qui touche à la répartition

de ses richesses, que son pouvoir est soumis aux décrets du Destin, dont la volonté se manifeste ordinairement par l'entremise du Sort, son représentant et secrétaire, ladite dame Fortune entend que cette répartition s'accomplisse sous les auspices et au gré de ces derniers.

Attendu, d'autre part, qu'il importe de graduer les faveurs réservées au genre humain pour satisfaire, dans la mesure du possible, ses aspirations ambitieuses, qui généralement s'accroissent en lui avec les biens acquis, et, pour ce motif, qu'il convient aussi de leur imposer une juste limite, dame Fortune déclare que tout en laissant au Destin la responsabilité de ses décisions, par son ordre supérieur elle dicte les résolutions suivantes :

1º Un lot de millions dont le minimum sera de 50, et le maximum de 300, est attribué à chacun des 600 premiers distiques de la Sibylle du vingtième siècle;

2º Par exception, le distique portant le numéro **451** sera doté d'un capital de 400 millions, en l'honneur de l'âge d'or de la Femme, ainsi que à titre d'hommage approbatif rendu au naturel bon, loyal, franc et enjoué de la Sibylle;

3º La septième centaine des distiques, offerte comme appendice par la Sibylle, constituera le fonds de réserve exclusivement affecté aux milliards alloués par dame Fortune;

4º Tous les lots de la septième centaine auront une

valeur représentative qui ne pourra être inférieure à 10 milliards et qui s'élèvera graduellement jusqu'à la somme de 1,000 milliards, capital placé sur le distique numéro **700**, comme couronnement de l'édifice fortuné de la Sibylle ;

5º Par suite de l'accord survenu entre les mêmes dames Fortune et Sibylle, dûment autorisées par le Destin, les millions accordés à chaque distique des six premières centaines pourront se produire en quantités égales, de manière à ce qu'il y ait ballottage entre les numéros pris isolément ou additionnés avec ceux de même nature des autres centaines, comme l'indiquera dans ce dernier cas la colonne des totaux du barème établie à cet effet. Le ballottage seul permettra d'aspirer à la réserve des milliards pour laquelle on devra procéder à un nouveau tirage, le Sort étant l'unique conciliateur reconnu par le Destin, la Fortune et la Sibylle. A défaut de ballottage, les intéressés n'auront droit qu'au bénéfice du jeu simple des millions ;

6º La réserve des milliards n'ayant que des sommes inégales fixera, d'une manière définitive et sans appel, la décision du sort laissée en suspens par le ballottage dans les oracles, récréations, réussites ou jeux divers que la Sibylle aura pleine faculté d'établir et de réglementer, en se basant sur les conditions ci-dessus énoncées relativement au tirage.

INSTRUCTIONS GÉNÉRALES

POUR LES RÉCRÉATIONS, ORACLES, RÉUSSITES ET JEUX DIVERS

DE LA SIBYLLE

En vertu des pouvoirs, droits et facultés reçus du Destin et de la Fortune, la Sibylle du vingtième siècle dicte les règles suivantes :

CONSULTATIONS RÉCRÉATIVES

A. — Pour consulter la Sibylle à titre de simple récréation, il suffira d'indiquer un numéro, de 1 à 700, et l'oracle parlera par la lecture du distique que désigne ce numéro.

B. — Si l'on désire consulter la Sibylle par séries, c'est-à-dire en appliquant aux 6 centaines le numéro choisi dans ce cas entre 1 et 100 seulement, on devra, après lecture des six distiques qui lui correspondent, proclamer la somme des millions qu'ils représentent dans la colonne des totaux du barème.

C. — Les deux manières indiquées dans les paragraphes *A* et *B* pour les consultations de la Sibylle, ne pourront être estimées loyales et valables que si les personnes consultantes ignorent le texte et la valeur des distiques demandés.

CONSULTATIONS OFFICIELLES
DE LA SIBYLLE

TIRAGE AU SORT DES DISTIQUES

ARTICLE PREMIER. — Le tirage au sort des distiques sera de rigueur pour toute consultation officielle de la Sibylle concernant les oracles, réussites, jeux d'intérêt ou de société, etc.

ART. 2. — La Sibylle offre aux intéressés deux modes de tirage de ses distiques :

1° Le tirage isolé de 1 à 700 ;

2° Le tirage par séries, qui permet d'appliquer le numéro sorti (de 1 à 100) aux six premières centaines des distiques dont les totaux en millions sont indiqués dans une colonne spéciale du tableau-barème ; de sorte que si, par exemple, on a tiré le numéro 12, les distiques **112, 212, 312, 412** et **512** se trouveront également sortis et produiront un total de 600 millions. De plus, dès qu'il y a ballottage, les joueurs, comme cela a été déjà expliqué, ont droit au tirage supplémentaire et définitif de la colonne des milliards.

LOTS DE NUMÉROS DESTINÉS AU TIRAGE DES DISTIQUES

ART. 3. — Bien que, dans les conditions requises, elle

laisse aux consultants le choix de tout autre moyen de tirage, la Sibylle met à leur disposition, sur une feuille de carton détachée et incluse dans ce livre, un triple groupe de numéros, subdivisé comme suit :

1º Bande verte. — 7 chiffres de o à 6, représentant les 7 centaines, soit o la 1re, 1 la 2e, 2 la 3e, 3 la 4e, 4 la 5e, 5 la 6e et 6 la 7e ;

2º Bande blanche. — 10 chiffres de 1 à o, indiquant les dizaines ;

3º Bande rose. — 10 chiffres de 1 à o, désignant les unités.

Total : 27 chiffres que les intéressés, pour en faire usage, devront découper et mettre dans trois boîtes ou bourses distinctes, soit, dans la première les centaines, dans la seconde les dizaines et dans la troisième les unités.

Cela fait, on aura en sa possession le moyen de procéder au tirage au sort des sept centaines de distiques de la Sibylle, en tenant compte de ce que le numéro 700, devra être produit par la triple sortie des o des centaines, des dizaines et des unités. Il est entendu aussi qu'à chaque nouveau tirage de distiques les chiffres respectifs de chaque boîte ou bourse seront maintenus complets.

Art. 4. — Pour le tirage au sort des distiques par séries, comme pour le tirage applicable à la colonne spéciale des milliards, on supprimera le lot vert des chiffres indicateurs des centaines, qui sera inutile dans ces deux cas, puisqu'il suffira de tirer un chiffre des dizaines et un autre des unités pour avoir un numéro complet. Ainsi, par exemple, dans le tirage par séries, la sortie de 57 rendra ce numéra valable pour les 6 premières centaines, et dans le tirage spécial de la colonne des milliards, on saura naturellement qu'il ne s'applique qu'à la 7ᵉ colonne du tableau-barème.

Toutefois, la suppression du lot des centaines dans ce mode de tirage donnera à la sortie de deux zéros la valeur de 100, de sorte que, en tirant par séries, avec oo on obtiendra 100, 200, 300, 400, 500 et 600; de même qu'au tirage particulier des milliards, on aura 700.

Art. 5. — Par faveur spéciale accordée à la Sibylle, la sortie des numéros 51 et 100, applicables à ceux des six centaines des millions, tels que 151, 251, 351, 451, 551 et 200, 300, 400, 500, 600, donnera droit, sans qu'il y ait ballottage, au deuxième tirage réservé aux milliards des distiques de la 7ᵉ colonne.

Art. 6. — En dehors des deux cas indiqués au précédent article 5, pour prétendre au tirage des milliards, il sera indispensable qu'il y ait ballottage entre deux au moins des totaux obtenus pour les millions. Il reste entendu qu'au tirage isolé des distiques, le ballottage sera produit par l'égalité de deux des sommes attribuées à ces derniers, et qu'au tirage par séries il proviendra de deux sommes semblables données par la colonne des totaux du barème.

ART. 7. — Dans les consultations ou jeux ayant pour objet d'obtenir un ballottage qui donne droit au tirage des milliards, un consultant ou joueur seul sortira 4 numéros ou distiques. S'il y a jeu proprement dit entre divers joueurs, chacun tirera 2 numéros, ce qui, pour deux adversaires, fera le total de 4, et chaque total de 4 rendra nécessaire un nouveau ballottage exigible même des partenaires que pourront s'adjoindre en nombre égal les deux premiers joueurs ; mais tout numéro sortant qui produira une somme totale pareille à celle de n'importe lequel des totaux déjà sortis sera suffisant pour former un nouveau ballottage.

Dans tous les cas exposés dans le présent article, si le tirage au sort ne produit pas la moyenne des ballottages exigés relativement au nombre des joueurs, soit un ballottage au moins pour deux joueurs, les intéressés perdront tout droit à la colonne des milliards et devront se limiter au résultat donné par celles des millions.

Toutefois, si malgré l'insuffisance des ballottages il s'en trouve un qui mette *ex æquo* les plus fortes sommes sorties et produise une situation de manche à manche entre les deux parties adverses, le tirage au sort de la colonne des milliards sera acquis de plein droit. En résumé, l'exercice de ce droit au tirage des milliards ne se trouvera empêché que si la sortie d'un numéro gagnant unique coïncide avec un nombre insuffisant de ballottages ; mais, dès que ceux-ci donneront le total réglementaire, tout numéro gagnant dans les centaines de millions sera annulé et le second tirage relatif aux milliards devra s'effectuer.

ART. 8. — Dans les cas de ballottage donnant droit au tirage des milliards, tous les participants au jeu, quelle que soit l'infériorité du lot de millions qui leur est échu, seront admis à ce nouveau tirage et à réparer, si le sort leur devient propice, le précédent revers de fortune.

ART. 9. — Pour tous jeux ou récréations de la Sibylle, et afin de mieux les réglementer et diriger, on aura toujours faculté de nommer directeur ou directrice du Protocole la personne que l'on jugera la plus apte à en remplir les fonctions et à résoudre par son autorité les cas ou incidents imprévus.

JEUX DIVERS DE LA SIBYLLE

En se basant sur les principes établis dans les articles qui précèdent, relativement au tirage au sort des millions et des milliards, on aura pleine faculté de régler les jeux récréatifs ou d'intérêt, tout en les stimulant par un enjeu quelconque, suivant les us et coutumes de chacun, et en s'adjoignant le nombre de joueurs ou partenaires que l'on jugera convenable.

Aux conditions plus haut stipulées, la Sibylle confirme aux intéressés tous ses pouvoirs pour l'organisation de ces divers jeux, auxquels devra toujours présider la plus stricte loyauté, conformément aux indications du tableau-barème.

JEUX DE SOCIÉTÉ

CONSULTATIONS PERSONNELLES DE L'ORACLE

Pour chaque consultation personnelle par distiques isolés, de **1** à **700**, l'intéressé aura droit au tirage de quatre numéros; mais s'il ne se trouve dans ceux-ci aucune prédiction directe qui puisse être appliquée au consultant, il devra en conclure que, pour la circonstance, le sort a voulu rendre muet l'oracle de la Sibylle.

CONSULTATIONS COLLECTIVES DE L'ORACLE

On devra donner pour objectif à ce jeu la recherche de la personne la plus favorisée par l'oracle. Chaque participant à la récréation tirera un distique simple de **1** à

700 et le numéro portant la plus forte somme indiquera la personne fortunée qui aura gagné l'oracle dans la septième centaine formant la réserve des milliards. Mais si dans cette consultation il n'est sorti aucun numéro qui soit applicable aux milliards, on procédera à un second tirage général de **1** à **100** (en ne sortant que les chiffres des dizaines et des unités qui suffiront, dans ce cas, à indiquer la septième colonne). Le résultat définitif en milliards étant ainsi obtenu, on proclamera le gagnant de l'oracle. Cela fait, chacun des participants au jeu donnera successivement lecture des distiques dont le sort l'aura favorisé, soit dans les colonnes des millions, soit dans celle des milliards, à titre d'hommage triomphal rendu au vainqueur. A cette lecture on devra, bien entendu, joindre celle des capitaux affectés à chaque distique et dont le tribut rendra — en principe — le lauréat de la Fortune archimilliardaire.

RÉUSSITES

Pour le tirage d'une réussite, on devra d'abord extraire, en faisant omission de la bourse des centaines, quatre numéros que l'on appliquera aux six colonnes des millions et dont les totaux sont indiqués dans le tableau-barème. S'il n'y a pas ballottage entre deux au moins des quatre totaux sortis, la réussite sera man-

quée. Si deux totaux sont pareils, on passera au tirage
d'un numéro de la septième centaine. Quand le lot
sorti représentera une somme inférieure à 5oo milliards,
la réussite sera douteuse. A 5oo et au-dessus, elle sera
bonne. A 9oo et au delà, parfaite. Enfin, à 1,000, archi-
complète.

JEU DES FIANÇAILLES

Pour donner à ce jeu un opportun caractère de réalité,
prenez autant que possible deux vrais fiancés. A défaut
de ces derniers, improvisez un futur et une future à
votre choix, ou, si vous aimez les surprises et les situa-
tions imprévues, confiez au sort l'élection des deux héros
de la fête. Dans ce cas, procédez au tirage, de **1 à 100**,
en excluant les chiffres des centaines, d'un nombre de
numéros égal à celui des participants au jeu, en com-
mençant par les dames. Le chiffre le plus élevé indiquera la fiancée ; puis, en descendant, la première
demoiselle d'honneur ; après celle-ci, la deuxième
demoiselle d'honneur, et ainsi de suite, jusqu'au classement total des dames. Vous observerez le même ordre
pour les hommes, en proclamant d'abord le fiancé, et,
après lui, les garçons d'honneur.

De toutes manières, sans recourir pour ceci à aucun
tirage ni scrutin, nommez préalablement, d'un commun
accord, le notaire qui deviendra le président du jeu.

Le classement du personnel des fiançailles terminé, le notaire-président veillera au choix du régime sous lequel devra s'effectuer l'union des futurs. A ces fins, il fera tirer à chacun d'eux un numéro, de **1** à **100**, applicable à la colonne des milliards du barème de la Sibylle. Si le fiancé obtient au tirage *la somme* la plus forte, le notaire constatera que le mariage doit s'accomplir sous *le régime d'or de l'homme et de la femme;* mais si c'est la fiancée qui par son lot apporte le plus grand nombre de milliards, le président proclamera *le grand régime d'or pur de la femme.* Dans cette dernière hypothèse, la future recevra le titre d'ÉTOILE, et le futur, celui de SOLEIL du vingtième siècle. Quoi qu'il en soit, leurs dots respectives se trouveront constituées par les milliards compris dans les deux numéros sortis.

CADEAUX DES FIANÇAILLES

Cette situation établie, le notaire fera tirer au sort, de **1** à **100**, par tous les garçons et demoiselles d'honneur, les distiques classés en séries dans les six centaines des millions et destinés, avec leur valeur qu'indique la colonne des totaux, à être offerts comme cadeaux de fiançailles aux deux futurs. Chacun des garçons, puis chacune des demoiselles d'honneur, dans l'ordre primitivement fixé, donnera lecture de ses six distiques et de

leur valeur totale en millions, de laquelle le notaire
prendra note. Après avoir additionné ces produits des
cadeaux de fiançailles, ce dernier en fera connaître le
total et dira le distique suivant :

> *La Sibylle, augmentant vos parts,*
> *Joint ces dons à vos milliards.*

Comme apothéose de la fête, le fiancé dira à sa future
ce losange :

Toi
Pour moi;
Moi pour toi;
Oui , sois à moi
Qui suis tout à toi,
Et songe bien que moi
Je ne vis plus que pour toi,
Afin que tu vives pour moi.
Les doux liens qui m'unissent à toi
Enlaceront ton cœur que je veux tout pour moi,
De même que le mien sera toujours pour toi.
Mes sentiments te répondent de moi,
Les tiens me répondent de toi;
Mets ton espérance en moi,
La mienne est toute en toi.
Sois toujours en moi
Qui suis en toi;
Toi pour moi,
Pour toi,
Moi.

A ce losange, la fiancée répondra :

En nos cœurs, Foi sublime née,
Charme à jamais notre hyménée.

Finalement, s'il se trouve dans la réunion un petit enfant et une petite fille auxquels on désire faire tenir le rôle de *Bébé et de Mignonnette d'honneur*, ou, à défaut de ces derniers, deux bons adolescents de l'un et l'autre sexe qui se chargent de les suppléer et de les imiter, ils diront aux fiancés les distiques suivants :

1° Bébé d'honneur :

Pour vous deux l'arc-en-ciel
Brillera dans le ciel.

2° Mignonnette d'honneur :

L'avenir vous réserve
Un bonheur sans réserve.

FIN DU JEU DES FIANÇAILLES

EXPLICATION

DU

TABLEAU-BARÈME DE LA SIBYLLE

Le tableau qui va suivre comprend les 700 distiques de la Sibylle dont chacun est représenté par un double chiffre, le premier indiquant son numéro d'ordre et le deuxième son capital.

Les six premières colonnes ont chacune cent distiques classés de manière à ce que le même numéro d'ordre se trouve sur une seule ligne pour les six centaines, de sorte que le chiffre 4, par exemple, correspond à 104, 204, 304, 404 et 504.

La colonne suivante désigne les totaux des millions attribués par la Fortune à chacun des distiques placés sur la même ligne.

Enfin, la dernière colonne destinée à la 7ᵉ centaine des distiques forme la réserve en milliards des dotations de la Fortune, auxquelles, dans le tirage par séries, on ne peut prétendre que par un ballottage.

TIRAGE DES DISTIQUES

Pour le tirage au sort des distiques et les trois lots de chiffres destinés à cette opération, consultez les instructions préliminaires données à cet effet par la Sibylle, page 13, article premier et suivants.

NUMÉROTAGE DES DISTIQUES

Dans le tableau-barème, comme dans tout le cours de ce livre, chaque distique de la Sibylle porte, ainsi que cela est expliqué plus haut, deux numéros distincts. Le premier, *en chiffres gras,* indique l'ordre de classement, de 1 à 700 ; le deuxième, *en chiffres ordinaires*, de 1 à 600, désigne la valeur en millions, et *les chiffres gras allongés*, de 601 à 700, signalent le capital en milliards.

TABLEAU-BARÈME

DES DOTATIONS ASSIGNÉES PAR LA FORTUNE

AUX DISTIQUES DE LA SIBYLLE

Centaines.	1re	2e	3e	4e	5e	6e	TOTAUX	7e
			MILLIONS					Réserve : milliards.
1 100	101 300	201 150	301 70	401 80	501 200	900	601 10	
2 250	102 100	202 110	302 50	402 200	502 90	800	602 990	
3 60	103 140	203 100	303 200	403 125	503 75	700	603 30	
4 85	104 65	204 200	304 100	404 54	504 96	600	604 970	
5 80	105 200	205 70	305 150	405 100	505 300	900	605 50	
6 200	106 90	206 50	306 110	406 250	506 100	800	606 950	
7 75	107 200	207 125	307 140	407 100	507 60	700	607 70	
8 96	108 54	208 200	308 100	408 65	508 85	600	608 930	
9 300	109 150	209 100	309 200	409 70	509 80	900	609 90	
10 250	110 100	210 110	310 50	410 200	510 90	800	610 910	
11 100	111 60	211 140	311 125	411 75	511 200	700	611 110	
12 85	112 100	212 65	312 54	412 200	512 96	600	612 890	
13 80	113 70	213 100	313 200	413 150	513 300	900	613 130	

Centaines.	1re	2e	3e	4e	5e	6e	TOTAUX	7e Réserve : milliards.
			MILLIONS					
14 90	114 50	214 200	314 100	414 110	514 250	800		614 870
15 75	115 200	215 125	315 140	415 100	515 60		700	615 150
16 200	116 96	216 54	316 65	416 85	516 100	600		616 850
17 300	117 200	217 150	317 70	417 100	517 80		900	617 170
18 250	118 110	218 200	318 100	418 50	518 90	800		618 830
19 60	119 110	219 100	319 200	419 125	519 75		700	619 190
20 85	120 100	220 65	320 54	420 200	520 96	600		620 810
21 100	121 80	221 70	321 150	421 300	521 200		900	621 210
22 90	122 100	222 50	322 110	422 200	522 250	800		622 790
23 75	123 125	223 100	323 200	423 140	523 60		700	623 230
24 96	124 54	224 200	324 100	424 65	524 85	600		624 770
25 300	125 200	225 150	325 70	425 100	525 80		900	625 250
26 200	126 250	226 110	326 50	426 90	526 100	800		626 750

Centaines.	1re	2e	3e	4e	5e	6e	TOTAUX	7e
			MILLIONS					Réserve : milliards.
	27	127	227	327	427	527		627
	60	200	140	125	100	75	700	270
	28	128	228	328	428	528		628
	85	65	200	100	54	96	600	730
	29	129	229	329	429	529		629
	80	70	100	200	150	300	900	290
	30	130	230	330	430	530		630
	90	100	50	110	200	250	800	710
	31	131	231	331	431	531		631
	100	75	125	140	60	200	700	310
	32	132	232	332	432	532		632
	96	100	54	65	200	85	600	690
	33	133	233	333	433	533		633
	300	150	100	200	70	80	900	330
	34	134	234	334	434	534		634
	250	110	200	100	50	90	800	670
	35	135	235	335	435	535		635
	60	200	140	125	100	75	700	350
	36	136	236	336	436	536		636
	200	85	65	54	96	100	600	650
	37	137	237	337	437	537		637
	80	200	70	150	100	300	900	370
	38	138	238	338	438	538		638
	90	50	200	110	250	100	800	630
	39	139	239	339	439	539		639
	75	125	140	200	100	60	700	390

Centaines.	1re	2e	3e	4e	5e	6e	TOTAUX	7e Réserve : milliards.
	MILLIONS							
40	140	240	340	440	540		640
96	54	65	100	200	85	600	610
41	141	241	341	441	541		641
300	150	100	70	80	200	900	410
42	142	242	342	442	542		642
250	100	110	50	200	90	800	590
43	143	243	343	443	543		643
100	60	140	200	125	75	700	430
44	144	244	344	444	544		644
85	100	200	65	54	96	600	570
45	145	245	345	445	545		645
80	200	100	70	150	300	900	450
46	146	246	346	446	546		646
200	90	50	100	110	250	800	550
47	147	247	347	447	547		647
75	200	125	140	100	60	700	470
48	148	248	348	448	548		648
96	54	200	65	85	100	600	530
49	149	249	349	449	549		649
300	150	70	200	100	80	900	490
50	150	250	350	450	550		650
250	110	50	100	200	90	800	510
51	151	251	351	451	551		651
60	115	100	125	100	100	900	500
52	152	252	352	452	552		652
85	65	54	100	200	96	600	520

Centaines.	1re	2e	3e	4e	5e	6e	TOTAUX	7e
			MILLIONS					Réserve : milliards.
	53	153	253	353	453	553		653
	80	70	150	200	100	300	900	480
	54	154	254	354	454	554		654
	90	50	200	110	250	100	800	540
	55	155	255	355	455	555		655
	75	200	125	140	100	60	700	460
	56	156	256	356	456	556		656
	200	96	54	100	65	85	600	560
	57	157	257	357	457	557		657
	300	200	100	150	70	80	900	440
	58	158	258	358	458	558		658
	250	100	200	110	50	90	800	580
	59	159	259	359	459	559		659
	100	60	140	200	125	75	700	420
	60	160	260	360	460	560		660
	85	100	65	54	200	96	600	600
	61	161	261	361	461	561		661
	80	70	100	150	300	200	900	400
	62	162	262	362	462	562		662
	90	50	110	100	200	250	800	620
	63	163	263	363	463	563		663
	75	125	140	200	100	60	700	380
	64	164	264	364	464	564		664
	96	54	200	65	85	100	600	640
	65	165	265	365	465	565		665
	300	200	150	70	100	80	900	360

Centaines.	1re	2e	3e	4e	5e	6e	TOTAUX	7e
			MILLIONS					Réserve : milliards.
	66	166	266	366	466	566		666
	200	250	110	100	50	90	800	660
	67	167	267	367	467	567		667
	60	200	100	140	125	75	700	340
	68	168	268	368	468	568		668
	85	100	200	65	54	96	600	680
	69	169	269	369	469	569		669
	100	80	70	200	150	300	900	320
	70	170	270	370	470	570		670
	90	100	50	110	200	250	800	700
	71	171	271	371	471	571		671
	75	125	100	140	60	200	700	300
	72	172	272	372	472	572		672
	96	54	65	100	200	85	600	720
	73	173	273	373	473	573		673
	300	150	70	200	100	80	900	280
	74	174	274	374	474	574		674
	250	110	200	50	90	100	800	740
	75	175	275	375	475	575		675
	60	200	140	125	100	75	700	260
	76	176	276	376	476	576		676
	200	85	65	100	54	96	600	760
	77	177	277	377	477	577		677
	80	200	100	70	150	300	900	240
	78	178	278	378	478	578		678
	90	100	200	50	110	250	800	780

Centaines. 1re	2e	3e	4e	5e	6e	TOTAUX	7e — Réserve : milliards.
		MILLIONS					
79	**179**	**279**	**379**	**479**	**579**		**679**
100	75	125	200	140	60	700	220
80	**180**	**280**	**380**	**480**	**580**		**680**
96	100	54	65	200	85	600	800
81	**181**	**281**	**381**	**481**	**581**		**681**
300	150	100	70	80	200	900	200
82	**182**	**282**	**382**	**482**	**582**		**682**
250	110	50	100	200	90	800	820
83	**183**	**283**	**383**	**483**	**583**		**683**
60	140	125	200	100	75	700	180
84	**184**	**284**	**384**	**484**	**584**		**684**
85	65	200	54	96	100	600	840
85	**185**	**285**	**385**	**485**	**585**		**685**
80	200	70	150	100	300	900	160
86	**186**	**286**	**386**	**486**	**586**		**686**
200	90	50	100	110	250	800	860
87	**187**	**287**	**387**	**487**	**587**		**687**
75	200	100	125	140	60	700	140
88	**188**	**288**	**388**	**488**	**588**		**688**
96	100	200	54	65	85	600	880
89	**189**	**289**	**389**	**489**	**589**		**689**
100	300	150	200	70	80	900	120
90	**190**	**290**	**390**	**490**	**590**		**690**
250	100	110	50	200	90	800	900
91	**191**	**291**	**391**	**491**	**591**		**691**
60	140	100	125	75	200	700	100

Centaines.	1re	2e	3e	4e	5e	6e	TOTAUX	7e
				MILLIONS				Réserve : milliards.
	92	192	292	392	492	592		692
	85	65	54	100	200	96	600	920
	93	193	293	393	493	593		693
	80	70	150	200	100	300	900	80
	94	194	294	394	494	594		694
	90	50	200	110	250	100	800	940
	95	195	295	395	495	595		695
	75	200	125	110	100	60	700	60
	96	186	296	396	496	596		696
	200	96	54	100	65	85	600	960
	97	197	297	397	497	597		697
	300	200	100	150	70	80	900	40
	98	198	298	398	498	598		698
	250	100	200	110	50	90	800	980
	99	199	299	399	499	599		699
	100	60	110	200	125	75	700	20
	100	200	300	400	500	600		700
	60	100	90	150	200	300	900	1000

AVERTISSEMENT

Primitivement destinés à être placés au gré du hasard dans les plis de la robe de la Sibylle, les distiques, tout en développant parfois une idée générale, n'en possèdent pas moins une qui leur est personnelle et dont le sens est complet, ce qui donne faculté de les prendre isolément.

De toutes manières, leur première destination rendait superflu le classement alternatif des rimes masculines et féminines qui a dû en être fait pour leur présentation au public dans ce livre où, indépendamment de la recherche isolée qui en sera faite, ils deviendront l'objet d'une lecture suivie.

Toutefois, si la classification des distiques a pu être accomplie conformément aux règles établies, il n'a pas été possible, sous peine de laisser incomplète la pensée émise, d'éviter dans certains passages la reproduction suivie, bien que alternativement, de quelques rimes semblables, comme il s'en produit un exemple pour celles de *maire* et *mère* dans l'Age d'or de la Femme.

Le maintien de ces rimes identiques est donc voulu et
a pour cause, en pareil cas, le développement logique du
sujet traité.

PENSÉE PRIMORDIALE ET FINALE DE LA SIBYLLE

La Sibylle a voulu surtout mettre en relief dans ce
livre l'intarissable esprit de la langue française, en donnant un spécimen nouveau de l'élastique souplesse de
son vocabulaire dont les mots produisant par leurs
acceptions variées les effets de la métempsycose sur
l'idée qu'il s'agit d'émettre, tantôt la transforment au
moyen de combinaisons ou de consonnances à significa-
tion multiple, et tantôt expriment, sans perdre leur sens
primitif, un ordre différent de choses, non moins
imprévu qu'en apparence hétérogène ou contradictoire,
alors qu'en réalité l'idée première se maintient plausi-
ble, juste et concordante.

Toutes ces manifestations capricieuses du langage,
qui ont pour cause initiale la nature même du glos-
saire français, où l'esprit de ceux qui le manipulent peut
trouver les éléments d'un jeu attractif et d'un exercice
fortifiant pour l'imagination, devaient, *à priori*, fixer
sur elles le regard observateur de la Sibylle.

C'est ainsi qu'en leur conservant la forme enjouée et

récréative qui ordinairement les caractérise, la Sibylle leur consacre ici, dans les limites rectrictives de l'admissible, une large part de ses distiques, sous le titre général de *Fantaisies et surprises de la langue française*, et confie à son mandataire, l'explorateur parnassien Emy-Nona's, la mission de les transmettre au public.

FIN DE L'INTRODUCTION

LA SIBYLLE

DU VINGTIÈME SIÈCLE

« Mes vers sont, comme les chapeaux,
« Assortis pour tous les cerveaux. »

« Afin que le sort le confirme,
« Mets ta foi dans ce que j'affirme. »

(*Paroles de la Sibylle.*)

DISTIQUES VARIÉS

FANTAISIES ET SURPRISES DE LA LANGUE FRANÇAISE

1
Votre cœur prendra son essor

100
(Millions.)
En voyant naître l'âge d'or.

2
Vous verrez que la solitude

250
Est le prix de l'ingratitude.

3
Vous n'estimerez qu'au réveil

60
Les bienfaits de votre sommeil.

4
Vous connaîtrez qu'un corps sans âme

85
Brûle comme un tison sans flamme.

5
80
Par votre esprit franc et loyal,
Vous éviterez un grand mal.

6
200
Votre bonheur sera durable
Si vous êtes toujours aimable.

7
75
Tôt ou tard vous regretterez
Ce qu'aujourd'hui vous méprisez.

8
96
De vos si-nombreuses tristesses
Naîtront de grandes allégresses.

9
300
Vous montrerez que le talent
Pour s'accroître en vous n'est pas lent.

10
250
Votre sort deviendra prospère
Si vous avez bon caractère.

11
100
Votre cœur sera plus heureux
Dès qu'il sera plus généreux.

12
85
Vous recevrez un bien durable
D'une personne très affable.

13
80
Votre avenir dépend de vous :
Ayez bon cœur, il sera doux.

14
90
Une nouvelle surprenante
Vous viendra d'une amie absente.

15
75
Votre cœur sera satisfait
Par l'aveu d'un tendre secret.

16
200
Vous ferez une maladie
Qui vous donnera longue vie.

17
3oo
Vous ne trouverez le bonheur
Que dans la franchise du cœur.

18
25o
Vous vous trouverez face à face
Avec quelqu'un qui vous agace.

19
6o
Pour n'être jamais en retard,
Fais d'un quart d'heure une heure un quart.

20
85
Ne la cherchant pas dans la lune,
Tu découvriras la fortune.

21
1oo
Quand tu chanteras, tes mous tons
Plairont autant que tes chauds sons.

22
9o
En voyant combien l'on vous aime,
Vous aimerez beaucoup vous-même.

23
75
Mettez, à défaut de chauds sons,
Tous vos mous tons dans vos chansons.

24
96
Pour les mortels la dernière heure
Vient parfois à la première heure.

25
3oo
C'est pour tenter un mauvais coup,
Qu'on boira d'abord un bon coup.

26
200
Plus un pauvre diable travaille,
Plus il peut... coucher sur la paille.

27
60
Recherchez la sincérité
Si vous aimez la vérité.

28
85
Evite vite que t'invite
Un parasite... ou crains la suite.

29
80
Un caractère rococo
En toi n'aura jamais d'écho.

30
90
Grâce à de riches apparences,
On voit briller les appas rances.

31
100
Par tes délicats sentiments,
Tu gagneras les mécréants.

32
96
En amour, dire sa pensée,
Est souvent chose bien pensée.

33
300
Tu verras un godelureau
Prendre des airs de tyranneau.

34
250
Un cœur maussade, acariâtre,
Espère en vain qu'on l'idolâtre.

35
60
Crois que dès qu'il n'aura plus plu,
La pluie au temps n'aura plus plu.

36
200
Pour un cœur ferme, irrésistible,
L'impossible sera possible.

37
80
Un doux sourire d'ange heureux
Sera pour le cœur dangereux.

88
90 . Se dira pas de Carcassonne.

N'ayant pas belle carcasse, on ne
Se dira pas de Carcassonne.

89
75

N'évoque pas le Styx, car on
Se rit aujourd'hui de Caron.

40
96

Dans ce monde, tout n'est qu'un songe,
Et le songe tient du mensonge.

41
3oo

Le présent, futur trépassé,
Comme l'éclair passe au passé.

42
25o

L'avenir, qu'attend l'espérance,
Meurt dans ses bras dès qu'il s'y lance.

43
100

Le temps, pour fuir n'est point perclus :
Ce qui sera n'est déjà plus.

44
85

Le temps ne laissera mémoire
Ni de l'homme, ni de l'histoire.

45
8o .

Bacchus fait les bons échansons ;
Apollon, les bonnes chansons.

46
200

Pour jouir d'un sort enviable,
Envoyez les soucis au diable.

47
75

Songez que la félicité
A pour flambeau la vérité.

48
96

L'union fait le mariage ;
Sans elle, il n'est qu'un esclavage.

49 'Tu feras un voyage heureux
3oo   Qui comblera tes meilleurs vœux.

50 Ne laisse jamais dans l'attente
25o   L'occasion qui se présente.

51 Quiconque se plaindra du sort
6o   Sans le combattre aura bien tort.

52 Bientôt, par la persévérance,
85   Vous comblerez votre espérance.

53 Jouissez, en esprit sensé,
8o   Du présent et non du passé.

54 Souvenez-vous qu'un cœur sensible
9o   Est un foyer inextinguible.

55 Si vous vivez de souvenirs,
75   Embouteillez tous vos soupirs.

56 Ayant dix-neuf pour la vingtaine,
200   Un viendra vous la donner pleine'.

57 Ce n'est pas en buvant bien sec
3oo   Que vous sècherez votre bec.

58 Sans le cœur et la conscience,
25o   Que pourra valoir la science ?

1. Solution pour la fin du siècle.

59   N'ajournez pas au lendemain
100   Le bonheur toujours incertain.

60   Pour goûter le bonheur suprême
85   Aimez, et faites qu'on vous aime.

61   N'oubliez pas qu'un cœur aimant
80   Attire à lui comme l'aimant.

62   N'attendez rien de l'égoïsme :
90   Sa grandeur d'âme est le cynisme.

63   Le faible, auquel on donne tort,
75   A raison dès qu'on le croit fort.

64   La plus triste paralysie
96   Du cœur, se nomme hypocrisie.

65   Gardez-vous d'accuser le sort
300   Du mal qui vient de votre tort.

66   L'esprit du sot, quoi qu'il rumine,
200   Ne dément pas son origine.

67   Faites que, par votre bon cœur,
60   Qui vous aime croie au bonheur.

68   Quoi qu'elle fasse ou qu'elle dise,
85   L'esprit domptera la sottise.

69   Saturé de lard du Japon,
100   Le coq en deviendra chapon.

70
90
Une trop longue méfiance
Lime et détruit la patience.

71
75
Tout bon chat de l'eau froide a peur,
Parce qu'il en craint la chaleur.

72
96
Dans ses visions, le poète,
Parfois. se transforme en prophète.

73
300
Venge-toi des malheurs cruels,
En goûtant des plaisirs réels.

74
250
Les rigueurs de l'intolérance
Sont fatales à la constance.

75
60
Cherche dans tout un idéal
Et rien ne te sera banal.

76
200
Ton sort sera digne d'envie,
Si tu sais jouir de la vie.

77
80
D'un mal tu sortiras un bien,
Marche quand même et ne crains rien.

78
90
Suivre les lois de la nature,
C'est aimer la vérité pure.

79
100
Souvent, les plaisirs les plus doux
Sont ceux qui dépendent de nous.

80
96
Ce ne sera jamais sans cause
Qu'un avocat sera sans cause.

81
300·
Quand le bonheur vient près de vous,
N'en informez pas les jaloux.

82
250
Cher lecteur et chère lectrice,
Bonsoir... Excusez mon caprice.

83
60
L'amour est malin et voleur,
Dès qu'il tient l'âme il prend le cœur.

84
85
La bonté tendre et complaisante
Devient l'aimant d'une âme aimante.

85
80
L'amour est vorace et retors;
Prenant le cœur, il tient le corps.

86
200
Travaillez au bonheur d'un autre
Qui lutte pour faire le vôtre.

87
75
On te dira : Chantons en chœur,
Et tu le feras de bon cœur.

88
96
Garde-toi bien d'une morsure
Qui porte en elle une mort sûre.

89
100
Tu tiens en ton cœur un trésor
Qui brillera plus pur que l'or.

90
250
Bon lecteur, excuse la muse,
Tout trait, dont elle use, l'amuse.

91
60
La Muse, jeune en tous les temps,
T'offre les fleurs de son printemps.

92
85
De ces vers, la Muse est marraine ;
Chacun lui dira : sois ma reine.

93
80
Pour bien accomplir ton devoir,
Fais qu'on te doive, sans devoir.

94
90
Applique d'un *g* le mélange
A l'âne pour en faire un ange.

95
75
Sache bien qu'un petit roquet
Plus qu'un gros dogue a du caquet.

96
200
Dans plus d'un cas, des tas de strophes[1]
Te conteront des catastrophes.

97
300
La Fortune dota mes vers ;
Mais non moins à tort qu'à travers.

98
250
N'attends pas la reconnaissance :
En toi-même est la récompense.

99
100
Héritant d'un oncle inconnu
Tu doubleras ton revenu.

100
60
Fort des droits que le tyran nie,
Tu combattras la tyrannie.

101
300
C'est le tourment d'un cœur mal fait
Qu'on veuille en sortir un bienfait.

1. Les Complaintes.

102
100

Ce qu'inspire ou fait la nature
Accuse l'homme d'imposture.

103
140

Montrez, par votre volonté,
Tous vos droits à la liberté.

104
65

Ne te plains pas d'une inconstance
Que causa ton indifférence.

105
200

Pour mieux t'alléger d'un regret,
Cesse de le garder secret.

106
90

De l'union des cœurs sincères
Naît l'oubli des peines amères.

107
200

Les anciens eurent l'âge d'or
Et nous avons l'âge de l'or.

108
54

En luttant contre la nature,
L'homme est de lui-même parjure.

109
150

L'homme eut jadis l'âge de fer ;
Il en fit l'âge de l'enfer.

110
100

Les cœurs que l'harmonie accorde,
Resteront sourds à la discorde.

111
60

Votre regard charme et ravit
Plus qu'un bon mets n'engourmandit.

112
100

Pourquoi trembler devant l'orage ?
C'est le beau temps qu'il vous présage.

113 Que pourront les coups du marteau
70   Pour émouvoir un soliveau ?

114 Vous verrez une forte tête
5o   Par trop d'esprit faire la bête.

115 En battant l'eau votre bâton
200   Ne vous donnera pas raison.

116 Vous échaufferez votre bile
96   Pour une cause bien futile.

117 Au bon jeu d'amour, l'étourneau
200   Souffle la dame au dindonneau.

118 L'amour perd la flèche sensible
1 10   Qu'il tire sur un cœur sans cible.

119 L'esprit devra se limiter
140   Pour le sot qui veut l'imiter.

120 Petits soleils de la fortune,
100   Vous aurez le sort de la lune.

121 En dégustant l'eau de la mer,
8o   Tu saurais mieux ce qu'est l'amer.

122 Ces vers, sans hameçons ni lignes,
100   Feront leur pêche avec deux lignes.

123 Un bon vers bien rempli d'esprit (divin),
125   Est comme un verre plein d'esprit (de vin).

124
54
Vous ressentirez la froidure,
Si vous ne faites feu qui dure.

125
200
En vous perdant par un chemin,
Vous trouverez un parchemin.

126
250
Plus d'une agence financière
Sera simplement finassière.

127
200
Si l'on confisque un lard malsain,
Direz-vous que c'est un larcin ?

128
65
On vous dira sur une affaire,
Des choses qu'on devait vous taire.

129
70
Vous trouverez, sans le chercher,
Ce qu'on désirait vous cacher.

130
100
De chaque étoile qui scintille,
Naît le cœur d'une jeune fille.

131
75
Que votre cœur soit généreux
Pour qni voudra le rendre heureux.

132
100
Ah! si l'homme avait la science
De n'aimer qu'avec conscience!

133
150
Un cœur d'or pur est un trésor
Que falsifie un cœur pur d'or.

134
110
Le cœur d'affections avide
Ne s'alimente pas du vide.

185
200
Des vins classés commé bons crus,
Bordeaux verra les prix accrus.

186
85
Les rivières auront leurs crues
Et les régiments leurs recrues.

187
200
Certains mets seront meilleurs crus,
Et pires certains mots trop crus.

188
50
La vérité sera plus crue
Avec l'ignorance décrue.

189
125
Si l'on t'eût dit que Lustucru
Etait un cru, l'eusses-tu cru ?

140
54
Vous éviterez qu'on méprise
La victime d'une méprise.

141
150
Payez, avec les biens du cœur,
Toutes vos dettes de bonheur.

142
100
Dis à Quidam : Soyez honnête !
Il répondra : Che suis sonnette !

143
60
Trop de gens n'estiment leur bien
Que lorsqu'il n'en reste plus rien.

144
100
Une âme bonne et complaisante,
Sourit toujours dès qu'on plaisante.

145
200
Couplés en forme de couplets,
Ces vers font des couples complets.

146
90
La haine a sa bile si vile,
Qu'on l'expulsa de la Sibylle.

147
200
L'œil, pour voir tout, sera pourvu
Pourvu qu'on tienne tout pour vu.

148
54
La bonté qu'accroît la franchise,
Acquiert une saveur exquise.

149
150
Ah! si l'homme plein de fureur,
Modérait les feux de son cœur!

150
110
Sachez vivre dans l'allégresse,
Vous ne mourrez que de vieillesse.

151
115
Ah! si les mêmes sentiments
Unifiaient les dévouements!

152
65
Du bonheur vous suivrez la voie
Si vous faites que l'on vous croie.

153
70
Ah! si chaque âme le voulait,
Comme l'accord serait parfait.

154
50
C'est en vain que votre âme alerte
Croira mouvoir un cœur inerte.

155
200
En vous, d'un tendre souvenir
Naîtra la foi dans l'avenir.

156
96
Le niais qui vise au cocasse,
Ne sera qu'un piètre paillasse.

157
200

Accordez vite une faveur
Qui dépend de votre bon cœur.

158
100

Recherchant des chants qui t'enchantent,
Fais qu'en chantant les gens t'en chantent.

159
60

Viser les destins les plus hauts,
C'est tirer sa poudre aux moineaux.

160
100

Le sec buveur, d'esprit avide,
D'un trop plein aura le sien vide.

161
70

Les corps lacés sont délassés,
Quand leurs lacets sont délacés.

162
50

Tu fuiras l'existence fade
Que t'impose un être maussade.

163
125

Qui cesse d'aller en avant
N'est qu'un squelette survivant.

164
54

Tout me dit que ta destinée
Sera brillante et fortunée.

165
200

Fuyez les contradictions
Des paroles et des actions.

166
250

Que ton âme soit toujours bonne
Et ne médise de personne.

167
200

Evoque, pour te rajeunir,
Ton vieux temps et non l'avenir.

168
100

Pour braver toute ardente flamme,
Tu feras cuirasser ton âme.

169
80

Croyez en moi, mon feu divin
Vous transmettra l'esprit devin.

170
100

La Pythonisse est destinée
A dire votre destinée.

171
125

L'enrichi, tranchant du milord,
Ne croira qu'en son ami l'or.

172
54

On aura pour vous des largesses
Qui vous combleront de richesses.

173
150

Ma clairvoyance vous prédit
Que vous aurez... beaucoup d'esprit.

174
110

La Sybille n'est pas sorcière,
Mais de l'âme elle est la lumière.

175
200

Cherche en toi-même et tu sauras
Mieux qu'autrui ce que tu n'as pas.

176
85

Tu résoudras un grand problème
En ne consultant que toi-même.

177
200

Cherchant le pôle positif,
Tourne l'épaule au négatif.

178
100

Garde-toi de trouver cocasse
Qu'en se fatiguant on se lasse.

179
75
Pour dompter l'esprit inhumain
Ayez votre cœur sur la main.

180
100
Le feu qui renaît de la cendre,
Sous la vôtre viendra descendre.

181
150
On peut dire : « C'est le pére ou
Le fils », sans parler du Pérou.

182
110
Vous tournerez, pour voir un pôle,
Vers le second pôle, l'épaule.

183
140
Pour bien ménager un corset
On doit conserver le corps sec.

184
65
Le sot, croyant faire merveille,
Cachera le bout de l'oreille.

185
200
En ébauchant un entrechat,
Vous mettrez le pied sur un chat.

186
90
Pour vaincre la sottise humaine,
La meilleure arme est incertaine.

187
200
C'est pour bien contempler les cieux,
Qu'on les cherchera dans vos yeux.

188
100
Vous brûlerez la politesse
A ceux dont la froideur vous blesse.

189
300
Bien que vous marchiez d'un bon train,
Un jour vous manquerez le train.

190
100
Voir les moutons dans les champs paître
Sera votre idéal champêtre.

191
140
Bien des gens, pour avoir rêvé,
Mourront d'un rêve inachevé.

192
65
Pour n'en pas perdre la coutume,
Vous contracterez un bon rhume.

193
70
La complaisance est comme un prêt
Qui rapporte un gros intérêt.

194
50
Méfiez-vous de l'eau tranquille :
C'est le conseil de la Sibylle.

195
200
Aime le son d'un bon sonnet,
Et non le sonnet sans son net.

196
96
Songe, avant de te mettre en route,
A ce qu'un faux pas souvent coûte.

197
200
Par le bleu, quand un homme est gris,
Tu le rends bleu si tu l'aigris.

198
100
Fuis chien et cheval dans la rue :
L'un est mordant et l'autre rue.

199
60
De la nature aime le chant,
Et ne l'écoute qu'en plein champ.

200
100
Vorax tondra, sans prendre haleine,
Les moutons qu'il laisse sans laine.

201
150
Quand te laissera-t-on ton dû?
— A ta mort, bon mouton tondu !

202
110
De la cause naîtra la chose,
Et toute chose aura sa cause.

203
100
Songe que pouvoir et vouloir
Te feront avoir et savoir.

204
200
En tout pays, plaine ou montagne,
On fait des châteaux... en Espagne.

205
70
En rêve, souvent, un château
Qu'on voit sur terre, gît dans l'eau.

206
50
Pour savourer l'heure présente,
Souvenez-vous de la tourmente.

207
125
Des fers de la captivité
Forgez l'or de la liberté.

208
200
Le souvenir de la tristesse
Des jours heureux double l'ivresse.

209
100
Ne sois pas avare de toi
Pour un cœur qui reçut ta foi.

210
110
Changer les douceurs de la vie
En vrais tourments ; quelle folie !

211
140
L'amour, fin Rominagrobis,
Prend les cœurs au lieu des souris.

212
65
Cherchant la route la plus sûre,
Prenez pour guide la nature.

213
100
Joignez aux biens de la santé,
Tous ceux d'un cœur riche en bonté.

214
200
Observez la loi des contrastes,
Et vous connaîtrez les jours fastes.

215
125
Le charme d'un prochain plaisir
S'accroît par un doux souvenir.

216
54
L'amour n'a point son arme honnie,
Quand son carquois est l'harmonie.

217
50
La douceur de vos sentiments
Vaincra tous les ressentiments.

218
200
Vous chercherez bien, en vous même,
A récompenser qui vous aime.

219
100
Tu connaîtras le vrai bonheur,
Si tu suis les élans du cœur.

220
65
Tout dire et faire avec franchise
Est l'idéal d'une âme éprise.

221
70
Quels jours heureux sont destinés
Aux cœurs épris et passionnés !

222
50
Tes beaux jours seront sans nuages
Et te garderont des orages.

223
100

Le soleil des jours de bonheur
T'absorbera dans sa splendeur.

224
200

Donne les charmes de l'aurore
A l'espoir que ton rêve dore,

225
150

Lisant pour toi dans l'avenir,
Quels jours si purs j'y vois venir !

226
110

Je veux qu'au moins une journée
Ton cœur guide sa destinée.

227
140

Bannis de toi tous les tourments,
On partage tes sentiments.

228
200

Tu verras comment la tendresse
Observe et tient une promesse.

229
100

Sois sans crainte pour l'avenir,
Tes vœux ardents vont s'accomplir.

230
50

Joins, dans les rêves de la vie,
La pratique à la théorie.

231
125

Souvent le fourbe mal appris
Dans ses pièges se trouve pris.

232
54

Bien qu'on vous cache tant de choses,
Vous surprendrez le pot aux roses.

233
100

Ne prenez pas l'esprit devin,
Si divin, pour l'esprit de vin.

284
200
Vous verrez ce qu'est un cœur tendre,
Dès que vous saurez le comprendre.

285
140
Sans la sérénité d'esprit
Le cœur est mis en int rdit.

286
65
Offrant aux mouches du vinaigre,
Tu risqueras de faire maigre.

287
70
Deux cœurs produiront un doux son
Quand ils battront à l'unisson.

288
200
Amitié franche et complaisance
Te porteront à l'indulgence.

289
140
Ton cœur sera pris et dompté
Par les armes de la bonté.

240
65
Ton cœur se rendra sans défense
Et recevra sa récompense.

241
100
Vos sentiments affectueux
Vous donneront des jours heureux.

242
110
Souvent les douces espérances
Ne viennent que des apparences.

243
140
Si l'amour en vous se cachait,
Je dirais qu'il a du cachet.

244
200
Vous célèbrerez une fête
Où la gaieté sera parfaite.

245
100

Vous fêterez le plus beau jour
Que le ciel réserve à l'amour.

246
5o

La beauté brille à sa fenêtre
Pour voir les feux qu'elle fait naître.

247
125

Sachez, tristes incendiés,
Qu'il pleut toujours sur les mouillés.

248
200

Vous verrez (quelle fantaisie!)
Le bon sens aimer la folie.

249
70

Certains animaux biscornus
Auront plus ou moins leurs corps nus.

250
5o

Vous verrez (quelle anomalie!)
Le bon sens plaire à la folie.

251
100

Suivant ses caprices, le temps
Nous rendra tristes ou contents.

252
54

Conseil pour faire feu qui dure :
Entretenir une brûlure.

253
15o

Si vous avez un cheval laid,
Dites : C'est vrai, mon cheval l'est.

254
200

L'envie, avec sa face blème,
Viendra comme mars en carême.

255
125

Tiens chez toi ton cheval lié;
Alors dis : mon cheval y est.

256
54

Pour fuir la classe, un joyeux drôle
Prendra le chemin de l'école.

257
100

Moins court est le cours d'un bon cours,
Moins à court on court au concours.

258
200

Les bons aspirants aux Ecoles
Auront soin d'éviter *les colles*.

259
140

Bon clerc, pour être un jour savant,
Lance au vent l'ignorance avant.

260
65

Joignant l'utile à l'agréable,
Ta gaieté sera serviable.

261
100

L'esprit de l'Université
Sera dans l'univers cité.

262
110

C'est vainement qu'une mégère
Vous poursuivra de sa colère.

263
140

Un ange du sous-sol du ciel
Lancera sur vous tout son fiel.

264
200

Ne craignez pas une diablesse
Qui tranchera de la tigresse.

265
150

D'un mal vous vous croirez guéri
Quand vous y serez aguerri.

266
110

Fuyez un aigre caractère
Qui grondera comme un cratère.

267
100

Riez d'un esprit diablotin
Qui croira faire le malin.

268
200

Fuyez, en faisant antichambre,
Un voisin ennemi de l'ambre.

269
70

Méprisez un esprit jaloux
Dont le fiel jaillira sur vous.

270
50

Gaiement, vous enverrez au diable
Toute personne insociable.

271
100

A quoi sert d'attendre un plaisir
Si l'on ne doit pas en jouir !

272
65

Lisant dans ta pensée intime,
J'admire ton âme sublime.

273
70

On saurait se passer de toit
Pour vivre au grand air avec toi.

274
200

Vous trouverez, chez les Félibres,
De vrais hymnes d'hommes faits libres.

275
140

Qui manque un tendre rendez-vous,
Prendra sa place au rang des fous.

276
65

Tous les grands Cadets de Gascogne
Poursuivront leur fière besogne.

277
100

On verra de bons héros tant
Qu'en scène brillera Rostand.

278
200
Partout l'influence morale
De Paris, sera capitale.

279
125
De Toulouse les fiers lézards
Seront grands maîtres dans les arts.

280
54
Mettez, en toute circonstance,
Le bon droit dans votre balance.

281
100
Le mal redouté peut se fuir,
Le bien revêche fait souffrir.

282
50
Ornez l'existence pratique
D'une auréole poétique.

283
125
Le monde enfonce le tambour,
Puisque, en roulant, il fait le tour.

284
200
Mes vers feront leur droguerie
De l'humaine plaisanterie.

285
70
Ne lache pas l'heureux destin
Que tu tiens captif sous ta main.

286
50
Mieux vaudra faire maigre chère
Qu'aller chercher de la chair chère.

287
100
La douce cordialité
Vaincra l'impassibilité.

288
200
Souvent, le bien que l'on désire,
Pour un mal vers lui nous attire.

289
150
Ton cœur épris, bon an mal an
Filera son petit roman.

290
110
Ton estomac se fera gloire
De bien manger et de bien boire.

291
100
Ne crains pas de livrer ton cœur
A qui veut faire ton bonheur.

292
54
Songe bien que les réticences
Pour l'amitié sont des offenses.

293
150
Plus tu jouiras d'un plaisir
Mieux tu sauras t'en souvenir.

294
200
En te mettant dix pieds sous terre,
Tu te garderas du tonnerre.

295
125
En amour toute illusion
Est comme la sauce au poisson.

296
54
Fuyant la turpitude humaine,
Loin du monde oubliez la peine.

297
100
Pour faire niche aux indiscrets,
Vous leur cacherez vos secrets.

298
200
Vous avez fait une promesse
Qu'on vous rappellera sans cesse.

299
140
Ta fête est le jour solennel
Qui te fera rêver du ciel.

300
90

On célèbrera bien ta fête
Et ce sera chose bien faite.

301
70

Adonis au vin l'eau mêlait
Pour ne pas se rendre homme laid.

302
50

Point de gêne avec les sans-gêne ;
Car la peine à peine les gêne.

303
200

Pour suppléer à la bonté,
Les Chinois auront leur bon thé,

304
100

De toi, crains qu'un Chinoi serie ;
Prends garde à sa chinoiserie.

305
150

Dans un record, l'entrain ne ment
Que s'il manque d'entraînement.

306
110

Tu verras au milieu d'un rêve
Adam rêvant qu'il rêve d'Eve.

307
140

Le chien qui trop aboyait hier,
Demain n'aboiera pas si fier.

308
100

Quand la joie au cœur se condense,
Elle y danse une contredanse.

309
200

Jamais vous ne pourrez traîner
Un vêtement sans l'étrenner.

310
50

Dès que l'esprit reste en balance,
C'est le doute qui le balance.

311
125

Du bonheur, en commun accord,
On t'adjugera le record.

312
54

Dans tout don reçu, vois le gage
D'un meilleur bien qu'il te présage.

313
200

Si tu trouves un indiscret
Coupe lui vite le caquet.

314
100

Souvent la force ne comporte
Que moins du poids de ce qu'on porte.

315
140

N'attends pas la prescription
Pour faire une bonne action.

316
65

Le succès auprès du beau sexe
Provoque les jaloux qu'il vexe.

317
70

Ce que sans foi l'on fait et dit
Est cent fois sans sève et sans fruit.

318
100

N'attends pas les jours d'abstinence
Pour bien jouir de l'existence.

319
200

Pour faire à toi seul un duo,
Chante du bas et puis du haut.

320
54

Lorsque le cœur touché balance,
L'amour fait pencher la balance.

321
150

Le plus droit chemin de l'honneur
Est dans la noblesse du cœur.

322
110
Tu prouveras, dans ta franchise,
Ce qu'est pour toi chose promise.

323
200
Ton esprit, fertile terroir,
Exclut la bêche et l'arrosoir.

324
100
Pour ta gloire, par ce distique,
Je célèbre l'art poétique.

325
70
Entretiens tes illusions
Par de douces émotions.

326
50
Tu connaîtras que l'ambroisie
Du cœur est dans la poésie.

327
125
Au cœur qui t'aime ouvre ton cœur
Et montres-en toute l'ardeur.

328
100
Si l'amour sait vaincre la guerre,
La paix renaîtra sur la terre.

329
200
Ayant pris un engagement,
Tu le rempliras largement.

330
110
Tu recevras de la fortune
Sa visite très opportune.

331
140
Au doux soleil d'un heureux jour
On célèbrera ton retour.

332
65
Tes sentiments viendront éclore
Purs comme les fleurs à l'aurore.

332
200
Souvent, l'esprit, pour son malheur,
Vient de la tête et non du cœur.

334
100
Ne traitez pas comme rebelles
Les amis qui vous sont fidèles.

335
125
De la lumière naît l'espoir,
Garde-la bien de l'éteignoir.

336
54
Tes beaux jours seront sans orages
Si ton cœur chasse les nuages.

337
150
On trouvera toujours en toi
Le type de la bonne foi.

338
110
Combien de fois qui persévère
Acquiert enfin ce qu'il espère.

339
200
Vous verrez qu'un excès d'esprit
Met bien des gens en interdit.

340
100
Lorsqu'en tout la vie est si dure,
Aimez et que votre amour dure.

341
70
D'un projet conçu par le cœur,
Tu feras naître ton bonheur.

342
50
Pour choisir un autre toi-même,
Cherche, et tu trouveras qui t'aime.

343
200
En restant dans un atelier,
Tu trouveras à te lier.

344
65
Ne prenez pas la patience
Pour une vaine inconscience.

345
70
Les Marseillais, avec leur port,
Gagneront le prix du transport.

346
100
Ne portez pas toujours au pire
Ce qu'on ne vous dit que pour rire.

347
140
Dans les records soyeux, Lyon
Obtiendra la part du lion.

348
65
Ne tendez pas si fort la corde
Qu'elle se rompe ou bien se torde.

349
200
Fuyez vite l'esprit malin
A vous blesser toujours enclin.

350
100
Vos influences magnétiques
Produiront des effets magiques.

351
125
Dans la pratique, le plus fort
A raison et le faible a tort.

352
100
Sans le cœur, le corps est inerte
Et n'est plus qu'une île déserte.

353
200
L'esprit qu'aura dompté le cœur
Sera son humble serviteur.

354
110
Par ta noble mansuétude
Tu confondras l'ingratitude.

355
140
Le plus droit chemin du bonheur
Est dans la franchise du cœur.

356
100
Tu verras qu'un bon cœur s'attire
Souvent les traits de la satire.

357
150
Tu mettras ton collier au cou ;
D'autres mettront le leur au clou.

358
110
L'argent qu'on attend de la tante
Ne comble pas toujours l'attente.

359
200
Sois sans crainte du lendemain,
Si tu vis le cœur sur la main.

360
54
Tu prouveras, quoi qu'on en dise,
Que rien n'égale la franchise.

361
150
Tu riras du monde ennemi
S'il te reste un sincère ami.

362
100
Tu braveras la malveillance
Grâce à l'appui d'une alliance.

363
200
Un cœur bien à toi, tout entier,
Sera ton plus sûr bouclier.

364
65
Si l'amour t'offre un cœur en gage
C'est qu'à bien aimer il t'engage.

365
70
Quelqu'un ne vit qu'avec l'espoir
Du doux plaisir de te revoir.

366
100

Tu feras, sur la mappemonde,
Sans te mouvoir le tour du monde.

367
140

Tu commettras dans un jardin
De fleurs, plus d'un petit larcin.

368
65

Mets du vinaigre à ta salade
Quand tu la trouveras trop fade.

369
200

Quelques coupes d'excellent vin
Banniront de toi le chagrin.

370
110

Après un repas délectable
Tout te sera plus agréable.

371
140

Tu jouiras à satiété
Des bienfaits de la liberté.

372
100

Ne commets jamais la sottise
De t'offenser d'une bêtise.

373
200

Comme antidote à ta langueur
Prends un bon verre de liqueur.

374
50

Tu triompheras de l'envie
En te donnant joyeuse vie.

375
125

Tu trouveras dans la gaieté
L'oubli de toute iniquité.

376
100

Du mal tu prendras ta revanche
Dans tes beaux jours de gaieté franche.

377
70

J'ai pour toi le pressentiment
D'un très heureux événement.

378
5o

Tu verras un grand jour de fête
Te venger de toute défaite.

379
200

Je vois mes claires visions
Combler tes aspirations.

380
65

Bientôt l'avenir qui s'avance
Accomplira ton espérance.

ÉPISODE

Inspirations de la Muse voilée [1].

PRÉAMBULE

881
70

Muse, donne-moi de ton eau,
Et prends du vin de mon tonneau.

882
100

Vous tous, écoutez la Musette
Qui du sort devient l'interprète.

INSPIRATIONS DE LA MUSE

883
200

Ma robe, couleur arc-en-ciel,
Vient te faire rêver du ciel.

884
54

Tu résoudras un doux problème
En aimant plus que l'on ne t'aime.

---

1. NOTA. — Les *Inspirations de la Muse voilée* sont présentées ici à titre seulement de gracieux épisode, car, ainsi qu'on pourra le remarquer, les distiques qui les reproduisent étaient, dans le principe, destinés surtout à prendre place dans les plis de la robe de *La Sibylle* et non dans les pages d'un livre.

385
150
Dans cette robe aux plis soyeux
Tu ne liras rien de fâcheux.

386
100
Dans ses plis, ma robe éclatante
Te dit une chose étonnante.

387
125
C'est dans un luxueux festin
Que tu connaîtras ton destin.

388
54
C'est dans ma robe tricolore
Que de ton ciel naîtra l'aurore.

389
200
Cherche et dans ma robe arc-en-ciel
Tu liras les secrets du ciel.

390
50
Tu feras de nombreux voyages,
Et tu reviendras sans bagages.

391
125
Le Pythonisse voilera
Ce que ton cœur réservera.

392
100
Cherche et lis dans mes feuillets roses
La réussite en toutes choses.

393
200
Cherche en mes plis rouges et bleus,
Et tu sauras te rendre heureux.

394
110
Tu prendras rang parmi les sages
Si tu lis bien toutes mes pages.

395
140
La magicienne trouvera
Tout ce que ton cœur cherchera.

396
100

Cherche dans les plis de ma jupe
L'avenir qui te préoccupe.

397
150

La Sibylle te donnera
Tout ce que ton cœur espéra.

398
110

Dans toute lutte généreuse
Ta main sera victorieuse.

399
200

Cette belle Dame aux yeux bleus
Connaît et va combler tes vœux.

400
150

Si tu crois bien ta prophétesse,
Tu n'auras jamais de détresse.

401
80

Dans ma robe, chaque couleur
Connaît les secrets de ton cœur.

402
200

Suis les conseils que je te donne
Et ne crains pas qu'on t'abandonne.

403
125

Ma robe aux diverses couleurs
Tient les secrets de tous les cœurs.

404
54

La baguette au pouvoir magique
Te prédit un sort magnifique.

405
100

Cette Dame au profil si fin
Te prédit un heureux destin.

406
250

Grâce à la baguette magique,
Tu vivras calme et pacifique.

407
100
Si tu choisis le droit chemin,
Ton but sera sûr et certain.

408
65
Mets ta foi dans la prophétesse,
Et tu seras heureux sans cesse.

409
70
Tu vas prendre possession
D'une forte succession.

410
200
Veux-tu ta destinée heureuse?
Ne la rends pas aventureuse.

411
75
Cette Dame au regard divin,
Te prédit un bonheur sans fin.

412
200
Le Destin, pour toi débonnaire,
Te promet joie et non misère.

413
150
Si tu suis bien tous mes conseils,
Tes beaux jours seront sans pareils.

414
110
La Dame à la robe voyante
Te garde une chose attrayante.

415
100
En récompense d'un bienfait,
Ton bonheur deviendra parfait.

416
85
Cette Dame aux couleurs brillantes
Te dira des choses charmantes.

417
100
Vous aurez une bonne fin
Si vous suivez le droit chemin.

418
5o
Je te promets, et suis sincère,
Un grand succès dans ta carrière.

419
125
Je t'annonce, par ces deux vers,
Que tu n'auras plus de revers.

420
200
Je te prédis, joyeuse et fière,
Le bonheur pour ta vie entière.

FIN DES INSPIRATIONS DE LA MUSE VOILÉE

421
3oo
Mes vers sont de verts vers moulus,
Et non point des vers vermoulus.

422
200
On peut, d'après son caractère,
Etre riche ou dans la misère.

423
140
Pour le droit, fais ton cœur de fer
Et brave tout, jusqu'à l'enfer.

424
65
Ton cœur ouvert, ton âme franche
Te mettront du pain sur la planche.

425
100
Sans l'amour, les plus riches dons
N'ont que l'apparat des dindons.

426
90
Offre à l'artiste une bonbonne :
Leste il en jouera du trombone.

427
100
Tu verras maître Aliboron
Toujours plus sot que fanfaron.

428
54
Dans l'épaisseur d'un doux feuillage,
Tu jouiras d'un beau mirage.

429
150
Réduit par le chien aux abois,
Un chat fuira comme un chamois.

430
200
Fuis la face d'un lovelace
De race rapace et vorace.

431
140
Tu verras l'oiseau soulevant
Souvent ses ailes sous le vent.

432
200
Tu feras certaine trouvaille
Auprès d'une vieille muraille.

433
70
Le vent rompra les peupliers
Quand ils seront trop peu pliés.

434
50
Tu sauras, par maint la Palisse,
Que la France n'est pas la Suisse.

435
100
Quand un filou sera pris, on
Devra le conduire en prison.

436
96
Des piétons courant à la gare,
Te heurteront sans crier : gare !

487
100

Fuis loin de l'indiscret, car, quand
Il parle, on est mis au carcan.

438
250

Pour éviter toute méprise,
Que ton cœur jamais ne se grise.

439
100

Le blanc bec se fera raser
La barbe pour la voir pousser.

440
200

Voulant imiter la nature,
N'en fais pas la caricature.

441
80

Tu verras plus d'un étourneau
Parodier le dindonneau.

442
200

Pour te ravir, une fillette
Dira sa simple chansonnette.

443
125

Tu recevras d'un amateur
Le morceau dont il est l'auteur.

444
54

Le chat noir, les mains dans les poches,
T'offrira ses vers sans brioches.

445
150

Tu recevras d'un médecin,
Pour ton mal un remède sain.

446
110

Bientôt, pour une bonne affaire,
Tu passeras chez un notaire.

447
100

Sous peu, bien que tardivement,
Tu feras un recouvrement.

448
85
Au tintement des pièces blanches
Tu ne verras qu'amitiés franches.

449
100
A tes rouleaux de louis d'or,
Un bon cœur joindra son trésor.

450
200
L'or viendra sonner dans tes poches,
Comme au clocher sonnent les cloches.

L'Age d'or de la Femme.

---

451 La Sibylle vient à présent,
400 T'offrir un plus riche présent.

452 Enfin, grâce au journal *la Fronde,*
200 Un fait nouveau s'annonce au monde.

453 On verra, dans un temps prochain,
100 Régner le sexe féminin.

454 Vous verrez, au moindre vacarme,
250 Accourir la femme-gendarme.

455 Quand on verra la femme au camp[1],
100 L'homme sera bonne d'enfant.

456 Sachant Madame sous les armes,
65 Monsieur ne vivra que d'alarmes.

457 Madame, l'œil à quinze pas,
70 A Monsieur donnera le bras..

1. A reconstruire.

458
50

Monsieur, comme une demoiselle,
Tricotera de la dentelle.

459
125

Monsieur, ému d'un doux billet,
Le cachera dans son corset.

460
200

On connaîtra comment la femme
Rend esclave un cœur et l'affame.

461
300

La femme aura ses favoris,
Et l'homme sa poudre de riz.

462
200

La femme ayant pris les culottes,
L'homme n'aura plus que ses bottes.

463
100

Les femmes iront à cheval
(En bicyclette.)
Laissant les hommes en aval,
(Sur la sellette.)

464
85

Certains, craignant la servitude,
Epouseront... la solitude.

465
100

Le régime du féminin
Rendra neutre le masculin.

466
50

« Mon Dieu ! » deviendra « Ma Déesse ! »
Et pour « Diable ! » on dira « Diablesse ! »

467
125

L'homme ayant ses chemins de fer,
La femme aura son train d'enfer.

468
54
Pour défendre une cause ingrate,
On ne voudra qu'une avocate.

469
150
Etant féminin, l'e muet
Se nommera l'e du caquet.

470
200
L'homme coupera sa moustache;
La femme prendra la cravache.

471
60
Combien les femmes-rédacteurs
Auront d'électeurs et lecteurs !

472
200
Aux Chambres enfin députée,
La Femme y sera réputée.

473
100
La jeune fille, maire élu,
Recevra le prix de vertu.

474
90
On verra plus d'une grand'mère
Passer à l'état de grand-maire.

475
100
Grand'mère, maire du Conseil,
Le tiendra toujours en éveil.

476
54
On aura, bien sûr, un bon maire
Quand on l'aura pour bonne mère.

477
150
La jeune fille présidant,
Aplanira tout incident.

478
110
On aura surtout un beau maire
Quand on l'aura pour belle-mère.

479
140
Dans le conseil municipal,
Tata n'aura pas de rival.

480
200
Mainte grand'mère, sans grammaire,
Ne pourra devenir grand maire.

481
80
Mimi, conseiller général,
Verra comblé son idéal.

482
200
Plus d'une femme, déjà mère,
Deviendra maire de son père.

483
100
La femme n'aura pour blason
Que le bonheur de sa maison.

484
96
Dans tout conflit, la Générale
Fera battre la générale.

485
100
Bonnette-blanche à Blanc-bonnet
Enverra son petit poulet.

486
110
L'homme, pour faire bon ménage,
Sera sage comme une image.

487
140
La chatte Diane, en chasse, aura
Son rat pris qui lui sourira.

488
65
Cibèle allant trop à la chasse,
Risquera de perdre sa place.

489
70
L'homme allaitant son nourrisson
Croira plus sain le biberon.

490
200
Fanchon ira, suivant l'usage,
A son café du voisinage.

491
75
Monsieur mettra la poule au pot
Et veillera sur le marmot.

492
200
Gertrude aimant beaucoup la pipe,
La culottera par principe.

493
100
Suzanne, pour entrer au bal,
Renverra Monsieur... *à l'oustal*[1].

494
250
Monsieur, lavant mal la lessive,
Recevra la sienne à l'eau vive.

495
100
Madelon, chez le mastroquet,
Etouffera son perroquet.

496
65
Monsieur, saignant mal la volaille,
Sera rincé comme futaille.

497
70
Eve rageant comme un taureau,
Adam pleurera comme un veau.

498
50
Le rat, pris dans la souricière,
Perdra son arrogance fière.

499
125
Monsieur, à tort comme à raison,
Subira le sort du mouton.

1. A la maison.

500
200
> L'humble captif, par habitude,
> Supportera la servitude.

501
200
> La femme sera le bon chat,
> L'homme restera l'humble rat.

502
90
> La belle chatte triomphante,
> . Se fera douce et puis aimante.

503
75
> La geôlière et le prisonnier
> Finiront par s'apprécier.

504
96
> La femme élargissant l'entrave,
> L'homme jouira d'être esclave.

505
300
> Despote, jadis si puissant,
> L'homme aimera son châtiment.

506
100
> Le tyran, par son sacrifice,
> Paiera tribut à la justice.

AGE D'OR PUR

507
60
> L'homme, par la femme conquis,
> Respectera ses droits acquis.

508
85
> Du cœur si tendre de la mère,
> Viendra l'affection sincère.

509
80
La mère, ange consolateur,
Des siens calmera la douleur.

510
90
Le cœur pur de la jeune fille
Rendra la joie à la famille.

511
200
La Femme sera le trésor
Duquel renaîtra l'âge d'or.

512
96
L'âme de l'épouse constante
Redoublera sa flamme ardente.

513
300
L'homme ébloui, rêvant du ciel,
Connaîtra le bonheur réel.

514
250
L'amie, à sa foi si fidèle,
En montrera l'ardeur nouvelle.

515
60
Homme et femme en leur volonté,
Puiseront la félicité.

516
100
L'humanité, grande et petite,
Aura le sort qu'elle mérite.

517
80
Etres humains, sachez bien voir
Le but que poursuit votre espoir.

518
90
Dans la vingtième centurie
Naîtront tous les biens de la vie.

L'AGE DU VOL

519
75

Dès que les hommes fendront l'air,
Ils éclipseront Jupiter.

520
96

Bientôt, une loi de physique
Transformera la mécanique.

521
200

Un jour, on verra les ballons
Voler en forme de poissons.

522
250

Chacun naviguant dans l'espace,
Le monde changera de face.

523
60

Dédaignant les chemins de fer,
On choisira celui de l'air.

524
85

Voyant en bas l'intrus paraître,
On filera par la fenêtre.

525
80

On se servira des pigeons
Pour mieux diriger les ballons.

526
100
On évitera les orages
En voyageant sur les nuages.

527
75
Nos bons gendarmes, en volant,
Verront les malfaiteurs volant.

528
96
On esquivera les frontières,
Les montagnes et les rivières.

529
300
On verra voler les volés
Après les voleurs envolés.

530
250
On verra de frêles nacelles
Voler comme des hirondelles.

531
200
Nous verrons nos sportmen zélés
Courir sur des chevaux ailés.

532
85
La voiture ira sans monture,
Les chevaux iront en voiture.

533
80
Désormais, sans en avoir l'air,
On ira prendre l'air en l'air.

534
90
Comme une colombe légère·
La Beauté fendra l'atmosphère.

535
75
Pour mieux voler le créancier,
On volera loin de l'huissier.

536
100
On craindra que tout ne s'envole
Au petit jeu de « Pigeon-Vole ».

587
3oo

Sans vol, le probe commerçant
Fera sa fortune en volant.

588
100

Quand un joueur fera la vole,
Le perdant croira qu'on le vole

539
6o

Un malin, même sur le sol,
Saisira la fortune au vol.

540
85

Tel, entré par la cheminée,
S'éclipsera par la croisée.

541
200

Les classiques enlèvements
Deviendront des envolements.

542
9o

Tel, en bas montera la garde,
Qui devrait pister la mansarde.

543
75

Une descente de ballon
Joindra les futurs au balcon.

544
96

L'aimé suivra la route sûre
Qui le conduit chez sa future.

545
3oo

Des mariés l'ascension
Comblera leur sensation.

546
25o

On fêtera mieux l'hyménée
Dans la région éthérée.

547
6o

Tous iront aux plaines du ciel
Savourer leur lune de miel.

548
100

La femme à voler dans l'espace
Mettra tout son charme et sa grâce.

549
80

Plus de sorcières en balais ;
L'air : pour la femme et ses ballets.

550
90

La femme, avec son doux sourire,
Dans l'air étendra son empire.

551
100

Les femmes seront, en volant,
Les étoiles du firmament.

552
96

La femme sera souveraine
De l'air et de l'espèce humaine.

L'AGE DU POISSON

553
300
Dans l'air volera l'homme-oiseau ;
Poisson, il nagera sous l'eau.

554
100
Tartarin, dans les basses plaines,
Chassera requins et baleines.

555
60
Le pêcheur croira plus malin,
Sous mer, de pêcher à la main.

556
85
Le parapluie, en temps d'orage,
Sous l'eau restera sans usage.

557
80
Bien que sous l'onde, le Boër
Saura conserver son bel air.

558
90
Souvent les flottes sous-marines
Pourfendront... des bancs de sardines.

559
75
Les vaisseaux formeront les trains
Des chemins sans fer sous-marins.

560
96
Sous mer, les flottes cétacées
Tendront leur cuir aux cuirassées.

561
200
La mer aura son Transvaal
Plus riche en trésors que Baal.

562
250
On pourra cueillir à son aise
Aussi bien l'huître que la fraise.

563
60
Machin, croyant que l'or en sort,
Fera la chasse au hareng-saur.

564
100
Le cuirassé, pris sous la glace,
Sans frais aura double cuirasse.

565
80
Sous mer, on prendra des bains d'air;
En l'air, on voudra ceux de mer.

566
90
La jeune fille, comme l'oie,
De l'air et l'eau fera sa joie.

567
75
La femme, envers l'homme-poisson,
Aura son cœur pour hameçon.

568
96
Seul, l'auteur à verve maligne,
Fera son profit de la ligne.

569
300
L'âge du poisson et du vol
Fera du sol son entresol.

570
250
Sous l'eau, sur terre et dans l'espace,
Les gens ne tiendront plus en place.

571
200
  L'âge de la femme doré
  Restera le plus adoré.

572
85
  Dans les gouffres océaniques
  On ne craindra pas les moustiques.

573
80
  Tout gai Français, poisson subtil,
  Fêtera le premier Avril.

574
100
  Sous mer, les savants téméraires,
  Fouilleront les zones polaires.

LES GUERRES FUTURES

La France triomphante.

———

575
75
Bientôt l'empire le plus clair
Sera le domaine de l'air.

576
96
Le Nord dans ses brumes prépare
Une autre invasion barbare.

577
300
Doux Midi, les glaces du Nord
Contre toi prendront leur essor.

578
250
Le Midi n'aura sa défense
Que dans le soleil de la France.

579
60
Soleil, par tes ardents rayons,
Du Nord tu fondras les glaçons.

580
85
Les despotes feront la guerre
Pour être maîtres de la terre.

581
2CO

On croisera surtout le fer
Désormais dans l'air et sous mer.

582
90

L'éclair, dans les champs maritimes,
Viendra du ciel et des abîmes.

583
75

Dans l'air, les cuirassiers volants ;
Sous mer, cuirassés à volants.

584
100

Toujours subtil, l'air impalpable,
Saura rester insaisissable.

585
300

L'air régira les mouvements
Des mers comme des continents.

586
250

L'air, par l'homme ne se fait prendre
Que pour l'obliger à le rendre.

587
60

L'air, donnant la vie ou la mort,
Sera maître de notre sort.

588
85

L'air, à partager sa puissance,
Invitera bientôt la France.

589
80

Changé pour nous en doux zéphir,
L'air guidera notre avenir.

590
0o

Ayant mis ses rivaux en peine,
Le Franc leur fera perdre haleine.

591
200

Quand nous serons maîtres de l'air,
Nord-Ouest paraîtra moins fier.

592
96
Oiseau-poisson, fort de ses flottes,
Le Franc saura garder ses côtes.

593
300
Le Nord-Est, plus fort que le droit,
Perdra sa morgue et tout sang-froid.

594
100
Que seront, sur mer et sur terre
Les feux follets près du tonnerre ?

595
60
Les Français, dans l'air s'envolant,
Formeront l'escadron volant.

596
85
Du ciel s'abattra la mitraille
Sur le futur champ de bataille.

597
80
Voyant leurs rêves envolés
Les voleurs se diront volés.

598
90
La France aura, par son génie,
Pulvérisé la tyrannie.

599
75
La France aura vaincu dans l'air,
Sur terre, sur mer et sous mer.

600
300
France, ta lumière féconde,
Dans l'air fera le tour du monde !

APPENDICE

DISTIQUES DIVERS. — FANTAISIES ET SURPRISES
DE LA LANGUE FRANÇAISE.

Milliards. - Centimes additionnels.

Pour les Récréations ou Jeux de la Sibylle [1].

> Pour mieux voir de mes jours l'auteur,
> Atteins de ces vers la hauteur.
>
> (LA SIBYLLE.)

(Milliards.)

601	On t'apprendra que parler grec
10	N'est pas toujours parler en grec.
602	Tu verras tel qui ne sait lire,
990	Remplir souvent sa tirelire.
603	Le grand air et la liberté
30	Te donneront joie et santé.

1. Et dans les cas de ballottage.

604
970

Tu mettras en tout un tel charme
Qu'il deviendra ta meilleure arme.

605
50

Les courses de taureaux landais
Ne font pas tort aux Hollandais.

606
950

Du mauvais sort sèche la veine,
Sa résistance sera vaine.

607
70

Tu trouveras la guérison
D'un mal dans la comparaison.

608
930

Contre toute vaine insolence,
La meilleure arme est le silence.

609
90

De la meule et de la chanson,
Tu sortiras toujours du son.

610
910

Pour ton sort, la fortune adverse
Ne sera qu'une simple averse.

611
110

Tu verras au café-concert
Si c'est le café seul qu'on sert.

612
890

Tu braveras par ton courage,
Tout contre-temps et tout orage.

613
130

N'imite pas les gens serins
Qu'assombrissent les jours sereins.

614
870

Ton cœur, plus ferme qu'une roche,
Fera de ton mal un fantoche.

615
150   . Tu dompteras l'adversité.
Avec la joie et la santé

616   Marche et sois toujours intrépide
850   Quand c'est le bon droit qui te guide.

617   Tu verras un homme enfantin
170   . Aimer à faire le pantin.

618   Les maux, sur un cœur sec et grêle
830   Retomberont comme la grêle.

619   Par la Sibylle, ton destin
190   Suivra toujours le droit chemin.

620   L'envie use comme une lime
810   Un cœur réfractaire au sublime.

621   On trouvera ton cœur si bon
210   Qu'en lui sera ton meilleur don.

622   Souviens-toi qu'un esprit d'élite
790   Est soleil et non satellite.

623   Tenant à conserver tes os
230   Tu les préserveras des eaux.

624   N'employez que pour un cas rare,
770   Le vrai marbre blanc de Carrare.

625   L'âne prodiguera son son
250   En brayant pour avoir son son.

626
750   Tu trouveras dans la Sibylle
       L'antidote contre la bile.

627   L'âne plus tôt sera sans son,
270   Que son bel organe sans son.

628   Ayant déchiré ta chemise,
730   Tu te plaindras de l'avoir mise.

629   Mourir vite, et sans le savoir,
290   Sera ton attrayant espoir.

630   Un projet fondé sur le sable
710   N'aura pas d'assise durable.

631   On viendra, pour un cas urgent,
310   Te demander un prêt d'argent.

632   Dans un raide escalier, la rampe
690   Te guidera mieux qu'une lampe.

633   Vous ne trouverez le bonheur
330   Que sur le chemin de l'honneur.

634   Un jour vous aurez l'avantage
670   De mettre en paix un vieux ménage.

635   Dans le monde, l'artificiel
350   Paraîtra toujours naturel.

636   L'impitoyable pédagogue
650   Aura, même gai, le ton rogue.

637 D'un être égoïste parti,
370 Tu sauras prendre ton parti.

638 · L'amitié franche et naturelle
630 Vous apparaîtra toujours belle.

639 Versant la sauce dans un plat,
390 · Vous éviterez qu'il soit plat.

640 Vous mangerez plus d'œufs que d'ailes
610 Si vous avez plus d'eux que d'elles.

641 Dans tout conflit, plus vous crierez,
410 Moins, certes, vous vous entendrez.

642 Dracon, de célèbre mémoire,
590 Aura des rivaux dans l'histoire.

643 Tu mettras dans tes oraisons
430 Moins de grands mots que de raisons.

644 Tout bon maître de l'empirisme
570 Rendra des points au despotisme.

645 Grâce à tes sentiments exquis
450 Bien des cœurs te seront acquis !

646 L'artiste domptant la discorde
550 Tend les cordes... mais les accorde.

647 Bien sûr, le vrai musicien
470 Sera bon politicien.

643 La musique sera la fée
530 Qui nous rendra l'âge d'Orphée.

649 Désormais, grâce à l'orphéon,
490 Les cœurs seront à l'unisson.

650 Aux accords de sainte Cécile,
510 Le monde dormira tranquille.

651 Les gens trop longs dans leurs discours
500 S'exposeront à rester courts.

652 Le cuistre, avec sollicitude, .
520 Cultivera l'ingratitude.

653 Le freluquet collet-monté
480 Se croira plus qu'un député.

654 Désirant ce qu'offre le monde,
540 Fais qu'en ton coffre l'or abonde.

655 Le grand homme, quand il s'abat,
460 Ne fait pas un petit sabbat.

656 Le faible aura pour batterie
560 Les armes de la flatterie.

657 Combien de guindés cordonniers
440 Mépriseront les savetiers !

658 Du succès tu suivras la piste
580 En ne faisant qu'œuvre d'artiste.

659
420
Les lois d'honneur et d'équité
Domineront l'iniquité.

660
600
Tout mortel sombre est un emplâtre
Froid comme une statue en plâtre.

661
400
Par le canon, l'humanité
Prèchera la fraternité.

662
620
Comme le phénix, l'amour tendre
Saura renaître de sa cendre.

663
380
Joins l'espoir et le souvenir
Aux douceurs d'un nouveau plaisir.

664
640
Certaine leçon, pour l'apprendre,
Coûtera plus que pour la prendre.

665
360
De nobles sentiments doué,
Ton cœur au bien sera voué.

666
660
D'où naîtra la paix sur la terre
Si l'amour engendre la guerre ?

667
340
La faveur classera premier
Tel qui devait être dernier.

668
680
Aux Samsons je prédis la gloire,
S'ils ne perdent pas leur mâchoire.

669
320
Les milliards de mon budget
Des beaux rêves seront l'objet.

670 Ne sois pas libre au point extrême
700 D'être l'esclave de toi-même.

671 Certains livres, par leur hauteur,
300 Feront estimer leur auteur.

672 D'une personne qui te boude
720 Tu recevras un coup de coude.

673 Parfois, chez le civilisé
280 On se croira dépaysé.

674 Du joug d'autrui brise l'entrave,
740 Mais ne sois pas ton propre esclave.

675 L'esprit atteindra sa hauteur
260 S'il marche vers la profondeur.

676 Ce n'est pas à l'ardeur du coke
760 Qu'on te mettra l'œuf à la coque.

677 Tu feras autour d'une tour
240 Un petit et même un grand tour.

678 La loi te dira qu'il faut mettre
180 Au bloc le maître d'un faux mètre.

679 Ton vrai plaisir sera de voir
220 Un ingrat faire son devoir.

680 Tu seras, d'une douce lettre,
800 En joie autant qu'on puisse l'être.

681
200
Le cuistre à son enseigne ment;
Ne suis pas son enseignement.

682
820
La raison te dit qu'en ménage
Il faut surtout qu'on se ménage.

683
180
Ne cherche pas loin les amis
Quand le sort chez toi les a mis.

684
840
D'une erreur encourant l'amende,
Ta franchise en sera l'amende.

685
160
On doute du bonheur, mais on
Le trouvera dans ta maison.

686
860
A toute œuvre de bienfaisance
Tu donneras ton assistance.

687
140
Pour garder ta chaleur en bas
Tu ne resteras pas sans bas.

688
880
Contre un mal la bonne critique
Sera le bien mis en pratique.

689
120
Un bien vainement souhaité
Est plus dur qu'un mal détesté.

690
900
En rêve cherchant la richesse
Tu la trouveras dans ma caisse.

691
100
De mes distiques le trésor
A ton gré fera jaillir l'or.

692
920
Au minimum je te fabrique
Des millions dans tout distique.

693
80
Mes vers t'offrent plus de lingots
Qu'un bon pêcheur n'a d'asticots.

694
940
Mes milliards seront des chaînes
Qui t'enlaceront par centaines.

695
60
Dans mes vers, le gros million
Tiendra lieu de menu billon.

696
960
La Sibylle, pour mieux te plaire,
Veut te rendre milliardaire.

CONCLUSION

697
40

On voit trop se plaindre, ici-bas,
Les gens pour un bien qu'ils n'ont pas.

698
980

Pourquoi se lamenter sans cesse
Et se complaire en la tristesse ?

699
20

A quoi bon gémir et pleurer
Ou contre le sort murmurer ?

700
1,000

Quand l'oncle Tom rit de la vie
Mieux vaut qu'aussi la Case en rie.

Toulouse, imprimerie DOULADOURE-PRIVAT, rue Saint-Rome, 39. — 8981